Raphael Ferreira

TRÊS PASSOS PARA A TRANSFORMAÇÃO

Copyright© 2020 by Literare Books International.
Todos os direitos desta edição são reservados à Literare Books International.

Presidente:
Mauricio Sita

Vice-presidente:
Alessandra Ksenhuck

Projeto gráfico, capa e diagramação:
Gabriel Uchima

Revisão:
Bruno Prisco

Diretora de projetos:
Gleide Santos

Diretora executiva:
Julyana Rosa

Diretor de marketing:
Horacio Corral

Relacionamento com o cliente:
Claudia Pires

Impressão:
Impressul

Dados Internacionais de Catalogação na Publicação (CIP)
(eDOC BRASIL, Belo Horizonte/MG)

F383t Ferreira, Raphael.
Três passos para a transformação / Raphael Ferreira. – São Paulo, SP: Literare Books International, 2020.
14 x 21 cm

ISBN 978-65-86939-42-2

1. Literatura de não-ficção. 2. Autoconhecimento. 3. Meditação. I. Título.

CDD 158.1

Elaborado por Maurício Amormino Júnior – CRB6/2422

Literare Books International Ltda.
Rua Antônio Augusto Covello, 472 – Vila Mariana – São Paulo, SP.
CEP 01550-060
Fone: (0**11) 2659-0968
site: www.literarebooks.com.br
e-mail: contato@literarebooks.com.br

PREFÁCIO 1

A minha primeira reação ao receber o livro "três passos para transformação" para revisá-lo foi de perplexidade. Fui surpreendido por um filho que não conhecia. O filho escritor.

Desde criança, Raphael demonstrou inteligência, criatividade e inquietação. Sempre enfrentou os desafios com coragem e determinação. Muito cedo despertou paixão pela natureza e teve convivência de plena liberdade com o ambiente rural. O fascínio pelas águas, a preocupação com o corpo e a mente são também marcas suas. Ao longo do tempo, fui tomando conhecimento de vários dos seus desejos e conquistas. Nunca, porém, me dei conta do seu interesse pela literatura. A sensibilidade para captar dificuldades alheias, a capacidade para oferecer caminhos possíveis para o conhecimento da própria identidade e os limites do homem são características demonstradas por ele constantemente.

A preocupação com dores que não são suas é muito louvável e revela o grande ser humano que é. As orientações e referências indicadas na sua obra, para se alcançar uma melhor qualidade de vida, certamente vão inspirar muitas pessoas a abrirem janelas para enxergar a complexidade dos problemas humanos e a seguirem seu manual em busca da transformação.

A obra foi elaborada e destinada a produzir prazer e promover o bem-estar coletivo. Cultiva o trabalho intelectual e a intuição capazes de proporcionar alegrias e felicidades a tantos quantos a leiam. Tem a virtude de compreender a dureza da vida e as dificuldades dos que trabalham sem descanso, de sol a sol, enfrentando os percalços diários na esperança de melhor sorte.

Nas asas da juventude, encontra sustento para o voo que o coração aponta. Nem o rigor e as dificuldades desse tempo de pandemia têm lhe afastado do caminho traçado que o destino lhe mostra. Das mãos obreiras e da face esperançosa do autor brotaram essa importante contribuição literária e a satisfação de vê-la publicada. Percebe-se na obra desse jovem escritor o desejo ardente de dar o melhor de si. A dedicação, a energia, seu dispor e saber dispensados para a elaboração do trabalho são provas inequívocas do propósito de transformar a vida das pessoas. Espero que Raphael, com o grande talento que possui, não interrompa seus sonhos e continue com o espírito de servir ao próximo através de suas mensagens de conforto, esperança e confiança, sempre afastando tudo que seja tempestuoso. A ser agente, sensível e vigilante, no esforço de superação nessa sociedade injusta e desestruturada, desdobrando-se, com firmeza, disposição e alegria, para construir obras de poesia e grandeza com potencial de transformar vidas e contribuir para a harmonia e a paz social sem nunca dar oportunidade a desvios de conduta e sem se atormentar com o julgamento de consciência. Deixa o legado de uma biografia honrada, sem mácula, jamais cedendo às tentações do sucesso gracioso, que atraem a tantos espíritos insensíveis aos apelos éticos, numa sociedade que tanto cobra retidão, sobretudo nesses tempos de escândalos de toda ordem.

Assim como os generais romanos, em face da embriaguez da glória, eram alertados para não esquecerem a condição humana, é forçoso lembrar-se que, muitas vezes, a queda segue, bem de perto, o triunfo. Na arrogância de tudo ser possível, de tudo poder, não esquecer que a falta de cultivo da solidariedade e do amor conduz à cegueira de si próprio e do mundo. É necessário manter o espírito de humildade para evitar o sentimento egoísta e o afastamento dos valores humanos essenciais.

Uma certeza a lhe trazer conforto é saber que muitos leitores certamente irão compartilhar suas experiências e aproveitar a oportunidade de vivenciá-las. Os escritos de Raphael não passam disso: um atalho para bem servir a todos.

A obra, sem dúvida, fará sucesso.

José Ferreira Filho

PREFÁCIO 2

Na história do pensamento ocidental, especialmente da Antiguidade Clássica até a Contemporaneidade, o indivíduo tem sido estudado em suas individualidades e particularidades por diversos pensadores e autores nacionais e internacionais das mais diversas áreas do conhecimento, incluindo aqueles já consagrados e também as novas revelações da literatura do autoconhecimento.

Trazendo para a realidade mais próxima, temos um novo nome inscrito na lista de escritores nacionais, que é o de Raphael Ferreira, um autor que chega com toda a sua ousadia despretensiosa para enriquecer a literatura nacional. Ousadia porque uma vez não sendo escritor até então nem tendo esse ofício no rumo de seus afazeres, escreveu como se assim o fosse; e despretensiosa porque ele jamais imaginou fazer com a intenção de publicar, já que não tinha a dimensão da importância do que estava escrevendo e do alcance que sua obra teria a ponto de chegar às prateleiras das livrarias do Brasil.

A sua obra se localiza em um contexto em que a pandemia do novo Coronavírus (Covid-19) atingiu o mundo inteiro, mais fortemente a partir de março de 2020 no Brasil, o que impôs uma realidade de recolhimento de todos a seus lares, em um movimento involutivo da humanidade. Com isso, mais do que nunca e de forma repentina e inimaginável, as pessoas se viram diante de si. Enquanto antes a rotina do mundo pós-moderno nos impunha necessidades sempre urgentes e externas, ofuscando e adiando o encontro com o eu, a necessidade do autoconhecimento bateu à porta. E é daí que a grandeza deste livro se insere ao trazer essa reflexão para a ordem do dia.

Neste livro, o autor consegue prender a atenção do leitor com seu estilo linguístico próprio, da primeira até a última linha, com precisão das palavras e referências do que está escrito para exemplificar a sua linha de pensamento. Em sua narrativa, associa a sua experiência de vida às decisões que tomou e a inquietude para buscar o seu fio condutor, o entendimento dele para com ele mesmo e tudo ao seu redor envolvendo a rotina, o trabalho e a realização pessoal. E tudo isso é feito de uma forma eminentemente autoral, no sentido de considerar as ponderações advindas da diversidade de cada um, da vida de cada um, que assim torna a leitura tão valiosa e interessante. E por quê? Porque o autor não impõe o seu pensamento e ideias, mas, sim, compartilha atitudes que condicionam a nossa mente a nos tornarmos melhores conosco mesmos, numa experiência voltada para a evolução pessoal, do autoconhecimento, que é um dos maiores desafios da humanidade.

O leitor com certeza não será mais o mesmo depois de conhecer o tripé para a transformação. E essa é uma régua a ser usada no compasso dos ensinamentos do autor, pois trata-se de uma obra que provoca inquietude, autorreflexão, volta ao passado e também ao encontro do que somos e do que queremos ser.

Acima de tudo, é uma obra efervescente, provocativa, que convida você à rememória de um lugar adormecido para um pensamento e atitude que tragam mais sentido existencial, com saúde e qualidade de vida. Ancoradas no agir, no planejar e no concentrar-se em si mesmo, as perspectivas deste livro revelam a necessidade de dar importância à subjetividade no sentido da individualidade enquanto existência humana. Sem dúvida, uma obra que eleva o nome de Riachão do Jacuípe, município do interior da Bahia, representada pelo ilustre escritor Raphael Ferreira, um jovem sonhador.

Sara Santiago
Jornalista

INTRODUÇÃO

Caro(a) leitor(a),

Esta é a oportunidade de trazer mudanças significativas para a sua vida. Se está lendo este livro é porque, assim como eu, busca alcançar novos horizontes, descobrir novas sensações e mudar a sua realidade. Juntos, faremos uma imersão nos conhecimentos adquiridos ao longo da minha vida, os quais poderão ser replicados por você de forma bem simples, bastando querer. Este material não chegou ao seu alcance por acaso. Leve a sério cada proposta trazida aqui e experimente uma inédita sensação de controle da sua própria vida.

Bem-vindo(a) ao meu manual de transformação. Todo o conteúdo dessa publicação foi fruto de vivência, percepção, sensibilidade, leitura e convivência com o mundo que nos cerca. Não há nada de extraordinário, apenas um olhar sobre as incríveis possibilidades que a vida nos dá e como encaramos a nossa realidade diante das outras.

Viaje e deixe sua mente tranquila ao ler este manual. Esqueça todos os preconceitos que você possui, pois não existem diferenças entre nós. Pare de achar que sabe tudo, pare de achar que não sabe nada. Somos absolutamente capazes de ser quem quisermos. Ninguém pode deter uma mente inquieta e um corpo trabalhador. O mundo foi construído com as mãos e a cabeça de humanos exatamente iguais a nós, guiados por uma razão maior, um objetivo, um propósito.

Utilize este livro como ferramenta para o engajamento na leitura, pois muitos de nós demoramos para entender que nada fortalece mais o nosso cérebro do que ler. Então, além do conteúdo escrito aqui, pratique a leitura, force a sua natureza e aprenda a sair da zona de conforto. Aprenda coisas novas comigo. Dê-me o seu *feedback* e me ensine também. Esta pequena leitura será o ponto de partida para aprender a cultivar outras leituras.

Acredite nisso.

Raphael Ferreira

CAPÍTULO 1:
MINHA MISSÃO............17

CAPÍTULO 2:
O TRIPÉ............27

CAPÍTULO 3:
QUEM SOU EU............39

CAPÍTULO 4:
MEDITAÇÃO............55

CAPÍTULO 5:
PROGRAMAÇÃO............71

CAPÍTULO 6:
AÇÃO............87

CAPÍTULO 7:
CAIXINHA DE RECOMPENSAS............99

CAPÍTULO 8:
TEORIA DA QUINTA-FEIRA............107

CONSIDERAÇÕES FINAIS............111

Para Volinha.

"A NOSSA MISSÃO É ÚNICA, ELA VEM COMO INSTRUMENTO DE TRANSFORMAÇÃO E É O NOSSO RIO PARTICULAR QUE NOS LEVARÁ A ALGUM LUGAR."

CAPÍTULO 1: MINHA MISSÃO

Quem nunca se perguntou: "O que estou fazendo da minha vida?", "Será mesmo que eu vim a este mundo para trabalhar nisso?", "É possível, **oh, Senhor**, viver e ganhar a vida fazendo algo que realmente amo?", "Por que todos que conheço conseguem trabalhar e ganhar dinheiro com algo que os **deixa** felizes e eu sou tão infeliz **nisso** que faço?", "Será que um dia eu vou conseguir me satisfazer com a vida que tenho?", "Eu consigo ser feliz com exatamente tudo o que tenho e focar minhas energias usufruindo desse todo?", "Por que me sinto sempre cansado(a) e sem vontade de acordar, tendo o fim de semana como o único momento em **que consigo ser eu mesmo**(a)?".

Se você se identificou com alguma(s) dessas perguntas, este livro é para você. As respostas para essas perguntas já estão respondidas dentro de si. Quem nunca indagou, lá no fundo da alma, nos pensamentos mais distantes, se o que estamos fazendo da nossa vida é de fato algo que está nos impulsionando para a felicidade? Mas, a propósito, o que é felicidade? Qual a sua definição de felicidade? Se você não tem uma resposta é porque a plenitude de uma escolha objetiva ainda não aconteceu dentro de você, e só você é capaz de alcançar essa plenitude que nasceu e vai acompanhá-lo(a) durante todo o seu tempo de vida. A essa escolha, entre as milhares de opções e oportunidades que se lhe apresentam diariamente, eu chamo de missão. E a nossa missão é única, ela vem como instrumento de transformação e é o nosso rio particular que nos levará a algum lugar. Que fique claro: a forma de navegar, o clima que iremos enfrentar e a foz onde desaguaremos serão criados por nós. Todo o percurso é resultado das escolhas diárias que fazemos, escolhas simples e complexas.

Vamos lá. O que diferencia um médico de um advogado a não ser a escolha de ter cursado uma faculdade ou outra? O que diferencia um empresário do ramo agrário de um lojista do ramo de eletrodomésticos? Isso mesmo, a escolha deles no momento que decidiram agir, que decidiram fazer alguma coisa, foi impulsionada pela obrigação social de "ser alguém", de sustentar-se ou pela expectativa de mudar suas vidas e serem livres. Ficou claro? O poder da escolha é algo que tem de estar enraizado em sua mente, pois é uma máxima já bastante concreta e indiscutível. Você pode ter a crença religiosa que for. Deve acreditar na existência de um Ser Supremo ou uma Força Maior que rege tudo. Mas se não houver qualquer atitude que impulsione sua vida, fatalmente o plano de Deus para você será deixá-lo(a) no mesmo lugar onde sempre esteve, onde a única benção que cairá do céu será, de fato, a chuva.

O poder da escolha define como serão nossos próximos dias, nossas semanas, nossas décadas, nossas vidas. Isso, por certo, você já sabe.

Sabendo que nossas escolhas nos colocam em

novos territórios, novas situações junto de pessoas novas, desafios novos, as perguntas que se fazem são: "Como eu vou saber o que escolher?", "Qual é a minha vocação para a vida?", "O que me fará feliz e me dará condições para alcançar minha liberdade?". Acredito que você já saiba também qual é o conceito de liberdade, não é? Segundo o que eu acredito, e talvez seja também a sua crença, liberdade está ligada ao que você faz todos os dias da sua vida, é o que irá proporcionar a você tempo livre e condições para poder usufruir da sua saúde junto das pessoas que você escolheu para conviver e disso assimilar momentos incríveis, que permanecerão para sempre em sua memória. Há quem diga que "liberdade" é não ter compromisso, é acordar tarde sem ter obrigações, é ficar na praia tomando sol todos os dias. Não, o nome disso é "férias". Consegue se imaginar não fazendo "nada" o resto da vida a partir de agora? Imagine que você ganhe, como se fosse uma mesada, mil reais pelo resto da vida, para simplesmente não ter um emprego ou uma obrigação. Com esse dinheiro você pague suas contas, sua alimentação, enfim, o básico para sobreviver. Nesse momento, faça uma reflexão: pense naqueles que trabalham todos os dias arduamente para ganhar exatamente esses mil reais. Coloque-se no lugar deles. Pensou? Então responda: você seria feliz ganhando o que um valente trabalhador ganha, sem fazer absolutamente nada pelo resto da vida? Se você respondeu sim, sugiro parar esta leitura agora. Minhas ideias não são para você. Se respondeu não, parabéns! Você, sem saber, descobriu que a vida não tem sentido se você não tiver um **propósito**. Grave bem essa palavra, escreva-a em um papel. O propósito, ou a busca pelo seu propósito, fez com que você chegasse até aqui. Por mais que dinheiro e tempo sejam grandes objetivos de vida, estes não têm significado se não advierem de um propósito de vida. É o propósito que vai dar a você a sensação de estar satisfeito(a) com aquele trabalho, com aquela remuneração, com sua rotina, com suas relações sociais. É o que vai permitir usufruir do tempo livre que conquistou após horas trabalhadas no seu projeto, no seu trabalho, sejam eles quais forem. Se dinheiro fosse tudo na vida, pessoas ricas não sofreriam com ansiedade, tristeza ou depressão (ignorando o fator genético, é claro). Aposto que você pensou em algum exemplo de um(a) rico(a) famoso(a) com depressão. Pois bem, eu também pensei nisso.

A minha definição de vida ideal, e creio poder ser a sua também, é ter uma rotina baseada em escolhas feitas com o coração e com os princípios que você possui, de forma particular. Se você escolheu ser biólogo(a), viver em Boipeba, e fez isso com paixão pela profissão, pouco importa se você ganha menos que alguém que esteja em São Paulo trabalhando em uma multinacional ganhando dez vezes mais. A recompensa, portanto, não está no dinheiro, mas na forma como você constrói sua sobrevivência. Trabalhar com roupas leves à beira-mar ou com roupas belas em um edifício lindo e climatizado... percebe que, nesse caso, a recompensa está no propósito que escolheu para a vida e não necessariamente na remuneração que possui? Ninguém deve dizer a você o que escolher, qual profissão seguir. Isso deve partir de você, deve ser uma escolha particular, visando os próximos anos que se seguirão.

Aqui, abro um pequeno parêntese. Eu acredito que as escolhas, quando feitas a partir de uma aptidão natural, de uma facilidade nascida com você, de uma habilidade própria, deixam tudo mais fácil. Pois quando você trabalha com algo ligado ao seu dom, as chances de se dar bem e conquistar o mundo com essa habilidade são muito grandes. Porque quem sabe fazer faz bem e faz sem sofrer. O exemplo maior disso são os atletas, principalmente dos esportes que requerem certa habilidade ou um dom particular, como futebol, basquete, entre outros.

Assim sendo, se você nasceu com o dom de jogar bola, mas escolheu ser contador, siga em frente nesta leitura, pois os passos que darei a você a seguir poderão colocá-lo(a) novamente nos trilhos da satisfação pessoal, não como jogador(a) de futebol ou outro esporte, mas com uma caminhada que você é capaz de trilhar – ou ressignificar a caminhada que já está fazendo, com um toque de grandiosidade para a sua transformação pessoal e profissional. Com isso, quero dizer que você pode melhorar o que já faz, dar uma vitalidade a mais àquilo que já é o seu propósito. A mudança pode ser radical, mas pode ser também uma mudança de significado. Ressignificar e dar uma importância maior ao que você já é, ao que você já faz e tem. Como eu disse, e vou repetir quantas vezes forem necessárias, tudo está aí dentro, basta acessar. Sendo assim, a busca pelo propósito começa hoje, agora. Seguindo os passos adiante, a possibilidade de mudança de vida e de transformação é tão certa quanto ler um livro de receitas e cozinhar. É um roteiro, funciona. Já comprovei isso e você também poderá fazê-lo. O hábito é a única ferramenta capaz de mudar sua vida, de fazê-lo(a) achar seu propósito ou mesmo de dar forças para você seguir em frente. No roteiro a seguir, vou indicar a você gatilhos, a usar ferramentas tão simples e objetivas que o(a) farão ser o(a) porta-voz dessa publicação para as pessoas que você ama, pois tudo o que é preciso para mudar nasceu com você, está aí dentro e nós iremos explorá-lo juntos.

2

"QUANDO O PROPÓSITO É REAL, O CAMINHO, POR MAIS DOLOROSO QUE SEJA, SERÁ VENCIDO E TODAS AS DORES DA BATALHA SERÃO SÓ HISTÓRIA."

CAPÍTULO 2:
O TRIPÉ

Ao acordar em uma certa manhã, eu me senti profundamente motivado. Dormi com uma frase que ficou fixada em minha mente, uma frase que, no meio desta jornada de escrever, agora faz parte da minha realidade, da minha forma de pensar e ver o mundo: "Eu não sou um ser de comparação, eu meço meus esforços a partir de mim mesmo e não dos outros". Essa frase foi dita por Alessandra Dutra[1], psicóloga do atleta de *Mountain Bike* Henrique Avancini (maior atleta brasileiro da modalidade). O que ela quis dizer com isso, e assim faz uma

---

1 Psicóloga desportista, criadora da metodologia "Combatividade", para o desenvolvimento de pessoas.

reflexão fantástica, é que nós, brasileiros, na maioria, somos condicionados desde criança a nos comparar com os outros: "sou melhor que você", "meu pai é mais rico que o seu", "sou mais forte que você", "sou o (a) mais bonito(a) da rua, da escola", "sou o(a) que ganha mais dinheiro entre os(as) meus (minhas) amigos(as)", entre outras comparações que fizemos e fazemos todos os dias de nossa vida. Essa motivação à brasileira diz o seguinte: "Eu sou muito bom(boa) no que faço, pois faço melhor que o meu colega, que o meu vizinho, que o meu irmão. Com isso, acordo todos os dias para continuar fazendo o que faço, pois sou o melhor nisso tudo." Você se identificou nessa ideia? Consegue enxergar alguém ou se enxergar nessa máxima?

Pois bem, ainda citando Alessandra Dutra, quando um atleta brasileiro vai competir no exterior ele acaba se confrontado com uma realidade que o frustra muito intensamente. "Lá fora", os competidores não possuem essa mentalidade comparativa, é cada um competindo contra si mesmo. Por que você acha que os maiores vencedores de praticamente todas as categorias de esportes são os americanos e os europeus (e orientais, como os chineses e japoneses)? Claro, você vai imediatamente pensar que é por conta da estrutura dos centros de treinamento que eles possuem, dos investimentos nesses atletas. Certo, mas esse aí é só mais um ponto de vantagem que eles possuem à nossa frente, mas o determinante para eles é a mentalidade campeã [e indico, aqui, o livro *Relentless* (Scribner, 2013), de Tim S. Grover, que fala sobre a mentalidade campeã, muito utilizada pelo jogador de basquete Kobe Bryant - em memória].

Eles entram todos os dias em seus CTs com a mentalidade de melhorar a sua *performance*, comparando-se sempre com eles próprios. Você acha mesmo que Michael Phelps estava se comparando a alguém quando, por três olimpíadas seguidas, ganhou praticamente todas as provas de natação de que participou? Com quem você acha que Roger Federer ou Novak Djokovic está se comparando para jogar o mais alto nível de Tênis que a história já viu? Quem você acha que motiva Cristiano Ronaldo a ser ele mesmo? Percebe? Pois bem, essa mentalidade comparativa é o que nos trava perante uma situação difícil, em que estamos por vezes diante de alguém que momentaneamente julgamos ser melhor do que nós, mais bem preparado, jogando, assim, toda a nossa história de vida e de treinos no lixo. Perdemos no olhar, perdemos no psicológico. A partir dessa mudança de crença, Avancini é, hoje, um dos dez melhores atletas do mundo. Isso mesmo, do mundo. Competindo no mais alto nível, ganhando provas e sempre buscando ser campeão.

Eu sei que você deve estar pensando agora: "mas eu vejo nos *posts* do *Instagram* que devemos nos espelhar naqueles que admiramos" e "somos o resultado da média das cinco pessoas que mais convivemos". O português já nos explica: "admirar" não é "comparar", "conviver" não é "copiar". Eu sou um fã incondicional da história de Ayrton Senna, mas com a idade que tenho hoje não vivo a vida que ele tinha quando possuía a mesma idade, nem posso pilotar um carro no limite, como ele fazia. Porém, o meu lema, que é o seu legado, é: "faça tudo com amor, muita dedicação e fé em Deus, que um dia, de alguma maneira, você chega lá". É inspiração, é respeitar a história de alguém que chegou lá e se tornou um exemplo para o mundo. O sucesso depende de você. Se você tem determinação, um dia você se revela.

Não existe, nem jamais existirá comparação entre nós. Na minha profissão, tive o prazer de conhecer excelentes professores de Direito que deixaram sua marca em mim. Pude estar na presença de grandes mentes, como Freddie Diddier Jr., Dirley Cunha, Nestor Távora, Robson Mascarenhas, grandes juristas, entre outros da minha profunda admiração. Contudo, não existe a possibilidade de eu me motivar a ser melhor, ao me comparar com essas mentes, que já conquistaram seu lugar no mundo. Isso seria uma corrida entre uma carroça e um Fórmula 1. Da mesma forma, é absolutamente injusto comigo mesmo estar me comparando com os colegas da minha turma, com colegas de profissão. Existem aqueles que optaram por concurso público, outros por lecionar, muitos por serem advogados criminalistas, tributaristas etc. Então, o meu condicionamento vai ser comparar quanto supostamente cada um deles ganha para eu estar motivado a realizar meu trabalho todos os dias? Percebe o nosso erro de condicionamento?

Neste momento, convido você para uma mudança de paradigma. Sair de uma consciência comparativa e ir para uma consciência vencedora, em que seu maior e único adversário é você mesmo(a). Conhece a palavra procrastinar? Se nunca ouviu esse verbo, saiba que ele é o responsável por você ter adiado seus projetos, sua viagem, sua reforma, tudo o que depende exclusivamente de você para sair do papel e se tornar realidade. Procrastinar é o irmão da preguiça, primo do "eu faço amanhã". Ele, juntamente da sua falta de motivação e perspectiva, é o que torna você um ser infeliz, inerte, perdedor, que imagina ser a vida de outro qualquer melhor do que a sua, sendo que tudo isso, absolutamente tudo, foi criado por você mesmo(a), dentro dos seus anos vividos, fazendo da sua rotina uma corrida sem objetivo, sem propósito.

A nossa vida é uma colheita. Todos entendem o conceito de agricultura, correto? Explico melhor. Primeiro, você escolhe a área do plantio, faz as devidas correções no solo, ara a terra e planta a semente. Durante o período de crescimento da cultura escolhida, você rega, aduba e combate as pragas. É uma caminhada de crescimento até que, enfim, chega a hora da colheita. Assim é a vida, assim é a busca pelo objetivo. O propósito é como a agricultura, mas com uma colheita interna, pois quando selecionamos a semente sabemos exatamente o que iremos colher lá na frente: "quem planta feijão, colhe feijão".

Está cansado(a) de ler? Vá ao banheiro rapidinho e volte. Eu acredito que você vai conseguir ler este livro por completo ainda hoje.

Para dar uma pitadinha de motivação, vou contar rapidamente a história de uma mulher vencedora, a quem admiro bastante. Seu nome é Martha. Ela cresceu comigo, é minha prima, alguém que amo muito. Ela escolheu o curso de Direito com o objetivo de ser Magistrada. Ela, durante todo o período da faculdade, tinha seus olhos voltados ao estudo e ao concurso que faria anos depois. Depois de formada, dedicou-se mais ainda, vivendo praticamente com exclusividade para o estudo. Poucos anos após a formatura, ela conseguiu ser aprovada no concurso e hoje exerce uma função de destaque na Justiça. Ela é uma das pessoas da minha família que mais admiro. Mais ainda por ter acompanhado sua história de perto e conhecer a pessoa maravilhosa que ela é. O nome disso é propósito, acreditar que o sonho é possível e fazer de tudo para torná-lo realidade. Vai doer? Pode ser que sim. Mas quando o propósito é real, o caminho, por mais doloroso que seja, será vencido e todas as dores da batalha serão só história. Outro exemplo de superação e busca pelo objetivo é o de Caroline, a mulher com quem tenho a sorte e o prazer de conviver. Sua história de vida fez-me respeitá-la com profunda admiração e respeito pela pessoa que se tornou. Começou a trabalhar aos 16 anos. Comprou seu primeiro carro com o dinheiro do seu trabalho, pagou toda a sua faculdade e hoje, com menos de 25 anos, trabalha como analista jurídica em uma multinacional reconhecida como uma das mais éticas do mundo. Ela iniciou na empresa como secretária e atualmente desfruta da confiança no trabalho por sua indiscutível eficiência. É uma das pessoas mais guerreiras e determinadas que já conheci. Neste momento, pense em alguém que admira. Dê-lhe todos os créditos que merece. Se possível, diga isso a ele. Reconhecimento é uma recompensa muito saborosa, principalmente vindo de quem gostamos.

Dito tudo isso, estou aqui para dividir o que acredito ser a forma mais objetiva e verdadeira para uma transformação de vida, que eu carinhosamente chamo de tripé, pois, para ser funcional, os seus três pés devem estar apoiados conjuntamente, um ajudando o outro, de forma igual. As três premissas para essa mudança de comportamento e de visão de vida são a maravilhosa sequência: meditação, programação e ação.

Você deve estar agora imaginando de onde eu tirei experiência para falar sobre esse tema. Provavelmente está supondo ser uma cópia dos milhares de livros que falam justamente a mesma coisa: "ah, isso está na moda", "mais do mesmo", "quem esse cara pensa que é?". Vou contar-lhe uma breve história da minha vida e você vai entender que tudo o que aqui escrevi saiu da minha forma de pensar, de viver e de enxergar a vida, baseado na minha vivência pessoal, nos acontecimentos e, é claro, nas referências de pessoas que eu julgo serem incríveis e que me ensinam, dia após dia, como superar o medo, o receio e a comparação.

3

"MAIS IMPORTANTE FOI EU MESMO RECONHECER A TRANSFORMAÇÃO QUE HAVIA ACONTECIDO DENTRO DE MIM. EU FUI O RESPONSÁVEL PELA MINHA VOLTA POR CIMA."

CAPÍTULO 3: QUEM SOU EU

Nasci em uma família tradicional do interior da Bahia. Meu pai e minha mãe exercendo papéis de destaque na sociedade. Ele, juiz de Direito. Ela, professora, dona do colégio onde estudei, e empresária – e só de começar a falar sobre eles, já fico emocionado. Por meus pais trabalharem muito e eu ser o filho caçula (sou nove anos mais novo do que meu irmão mais velho), fui carinhosamente cuidado na infância por minha "dinda" Nilza e sua irmã Nen, a quem considero mães e irmãs ao mesmo tempo. Até os meus sete, oito anos de idade, fui uma criança que pouco conheceu a rua. Meus melhores amigos, à época, eram os coleguinhas de escola, meus brinquedos e meus bichos. Cheguei a ter muitos pássaros, coelhos, meu cachorro Pingo, entre outros que lindamente passaram por minha casa. Isso tudo mudou com a chegada do meu vizinho Rob. Ele foi meu primeiro melhor amigo. Na verdade, é um grande melhor amigo até hoje. Com a chegada de Rob à nossa rua, minha vida passou a ser de grandes aventuras. Nós gostávamos das mesmas coisas: passarinho, cavalo, roça, andar descalço, jogar bola, pular muro, construir fazendinhas... Rob e sua família (Seu Beto, Dona Glorinha, Ane e Ley) foram fundamentais na criação de certos valores em minha vida. O principal deles foi o de ser menos egoísta, saber que o bom da vida é viver. Sou muito grato a eles por tudo. Com 15 anos, mudei-me do interior para Salvador, para estudar. No colégio, fiz novas amizades bem sólidas, que me acompanham até hoje: La Biba, Paulista, Chicão, Michelino, Caipó, Black, Tonhão, Titus Groove, Hage, Bossa, Duarte, Prazeres, Secretário, Haole, Chequer, Passoka, Raposo, Preto, Dudu, 21, Jake, Pig,

Paulinho, Fred, Waltinho... Vivi momentos incríveis ao lado desses caras. Por uma ironia do destino, voltei ao meu interior, Riachão do Jacuípe, para concluir o ensino médio. Meu terceiro ano foi um dos melhores anos da minha vida, graças a Francisco, Kodó, Marília, India, Raphael Silva, Pilar, Heanes, Leli, Lua, Mércia (em memória), Márcia, Gabriela, Jemima, Noró e todos os outros que fizeram aquele ano inesquecível. Minha galera, que saudade!

Eu contei rapidamente meu trilhar até os meus dezessete, dezoito anos, para mostrar que, até então, eu tive uma vida completamente normal, que começou a mudar justamente quando eu saí do meu ensino médio.

Antes mesmo de acabar o ano, eu já havia sido aprovado em uma faculdade particular para o curso de Direito, e olha que eu ainda tive aulas de recuperação naquele ano, e muitas. Ter sido aprovado no vestibular e logo no ano seguinte já ter novamente mudado de cidade e iniciado uma graduação foi o início de um grande turbilhão de ideias para mim. Estava eu lá em Salvador, em uma grande universidade, conhecendo novas pessoas e a fazer inesquecíveis amizades. Guardo com carinho no coração as figuras de Jax, Fera, Carlinhos, Marão, Jonnhy e Mangues. Essa foi a turma mais "gastação" da história. Em seguida, Lulão e meus grandes amigos Siri e Hugo. Desculpem-me o saudosismo, eu não poderia deixar de falar sobre essas pessoas. O que aconteceu naquele momento foi que eu estava condicionado a me tornar alguém que eu não sabia quem era. A minha escolha pelo curso de Direito foi a opção que, à época e na imaturidade, me pareceu adequada. Pois, até então, a minha maior e única referência de profissional, e quem eu de fato admirava, era o meu pai. Contudo, eu ainda não havia desenvolvido dentro de mim o meu objetivo, o meu propósito como profissional. A verdade é que no início do curso de Direito eu não tinha ideia do que estava fazendo. E quando você apenas vai com a maré, as chances de se afogar são enormes. Academicamente falando, fui muito mal naquele momento, sendo um dos piores alunos da turma, não porque eu não fosse capaz, mas porque eu não havia desenvolvido o meu porquê. Foi o início do meu sofrimento psicológico. Sim, eu tive dificuldades psicológicas naquele período. Estava rodeado de amigos e colegas que supostamente sabiam o que estavam fazendo e eu não conseguia acompanhar aquele ritmo. Por isso, falhava. O resultado da minha falha foi a criação de uma perspectiva de perdedor sobre mim mesmo. Eu não possuía um propósito e estava a todo tempo me comparando com os que estavam ao meu redor.

Eu jamais achei que um dia fosse frequentar um psicólogo. E fui a vários, para tentar solucionar aquela minha apatia, que eu não sabia de onde vinha. Eu amava ir para a faculdade, era uma zona de conforto estar com meus amigos, mas, na parte acadêmica, eu falhei.

Julgando ser o curso o culpado por minha apatia, decidi mudar de faculdade e de curso. Fui estudar Administração. Sempre fui muito obstinado a conquistar meu espaço e minhas "coisas", então fui estudar algo para virar "empresário". Será? Não durou muito. Ao me deparar com a minha maior dificuldade, que era a matemática, não tive como prosseguir. Desencanei. O sonho de ser "empresário" foi-se embora.

    Quem me conhece há muito tempo sabe que sempre fui muito ligado aos esportes, principalmente os individuais, que requerem mais preparo físico do que habilidade propriamente dita. Após abandonar o curso de Administração, no terceiro semestre, fui estudar Educação Física. Que sonho! Que quebra de paradigma! Finalmente eu estava estudando numa área que eu amava. Vivenciei com muita intensidade aqueles anos de estudo e de treino intensos. Aprendi, porém, que se queremos algo, não importa o que digam, fazemos de tudo para alcançar nosso objetivo. Isso ainda não havia sido internalizado em mim.

    Minha rotina era a de um atleta. Acordava muito cedo (faço isso hoje graças àquela época), por volta das 5:00h e ia para a praia do Porto da Barra, em Salvador, para remar. Quando não ia sozinho, me acompanhava o parceiro Paulinho Medley (Luiz Fernando). Por volta das 7:30h, eu já estava a caminho da faculdade, onde ficava até o meio-dia. À tarde, duas vezes por semana, eu ajudava a professora Rose Beck a dar aula de ginástica olímpica para a turma infantil do Colégio Dois de Julho, no bairro do Garcia, para poder ter a oportunidade de treinar lá depois das aulas. À noite, eu ia sempre para a academia treinar mais um pouco. Meu propósito, à época, era participar das olimpíadas do Rio 2016, competindo na categoria K1 (caiaque individual). Era mais um sonho que um objetivo, admito. Pouco antes da minha vida mudar completamente, cheguei ainda a fazer curso e dar aulas de *crossfit*. Recordo-me com gratidão de Victor Dáttoli, por ter sido exemplo de homem completo para mim. Sagaz, inteligente, correria, destemido, pé no chão...

    A mudança brusca veio no ano de 2013, durante a Semana Santa. Em uma atitude bem insana da minha parte, desci de *skate longboard* uma ladeira íngreme na estrada que liga as cidades de Riachão do Jacuípe a Conceição do Coité, no local conhecido como "Ladeira da Juliana". Em velocidade aproximada de 60Km/h, sofri grave acidente. Estava sem capacete, mas fui bafejado pela sorte. Poderia ter morrido na queda. O resultado daquela irresponsável aventura foram escoriações e uma fratura na clavícula, que me impuseram repouso compulsório na cama de minha casa por mais de um mês, além de inúmeras sessões de fisioterapia. Vários anos de treinos intensos e de alimentação balanceada perdidos. Consegue imaginar como eu me senti? Pois bem, aquele foi o meu fundo do poço. Foi o momento em que nada para mim fazia mais sentido.

Nos meses seguintes, enquanto ainda me recuperava, voltei às aulas completamente diferente. Eu não era mais o Raphael de antes. O atleta anônimo, que se admirava, que era o espírito da motivação absoluta, que se alimentava de si mesmo e das suas aspirações, havia deixado de existir.

Voltei a ser um cara comum. Já não me sentia com superpoderes. A faculdade já não fazia mais sentido, a ginástica era impensável naquele momento e o *crossfit* me dava medo. Aquele foi outro momento em que, de fato, desisti de alguma coisa. Eu desisti da minha educação física, eu matei aquele lindo propósito que eu mesmo construí com o que julgava ser o melhor de mim – e logo em seguida não era mais. Se eu tomei a decisão certa? Não penso que exista decisão certa. Eu segui em frente.

Em casa, ainda de repouso, comecei a pensar: "E agora, o que eu vou fazer de minha vida?". Naquela época, eu estava com 24 anos e sem perspectiva alguma do que fazer dali pra frente. Foi quando meu anjo da guarda, meu pai, olhou para mim no quarto e perguntou: "Por que você não termina seu curso de Direito? Por que não muda de ares e vem morar em casa, próximo de nós?". Meu pai, sem saber, foi o mentor de toda a minha transformação. Novamente, mudei, em julho daquele ano, para Riachão e passei a estudar Direito em Feira de Santana, distante 75 km. Nossa, que fase maravilhosa!

Foi aquilo que eu deveria ter vivenciado no final do meu terceiro ano. Luta. Dificuldade. Empenho. Quando passei novamente a ser um estudante de Direito parece que uma chave ligou dentro de mim. Não sei se foi o reencontro com aquele clima, não sei se foi a sensação de "não posso mais falhar", mas, daquele primeiro dia de aula em diante, eu me transformei. Eu literalmente corri atrás do prejuízo.

Fiz parte do estágio da professora Iana Amorim no núcleo de prática jurídica, onde, em seguida, virei monitor. Eu me inscrevi no curso do saudoso professor Luís Flávio Gomes - LFG (em memória) preparando-me para a prova da OAB, isso ainda no sétimo semestre. Minha rotina naquela época era sair cedo de Riachão no meu Volkswagen Gol (a Goleta Mágica) e ir direto para o estágio. À tarde, eu fazia o preparatório para a OAB (que, em verdade, eu usei como "supletivo" do curso de Direito, para recuperar o tempo perdido) e, à noite, ia para a faculdade. Eu nunca dei tanto de mim quanto naqueles anos estudando em Feira de Santana. Por obra do destino, um velho amigo, Magno, soube que eu estava indo e voltando todos os dias de uma cidade para a outra e me convidou para dividir um apartamento com ele. Tenho muita gratidão por esse gesto dele. Moramos juntos por mais de um semestre.

Perdi minha vó Raulinda no meio disso tudo (que saudade, Volinha!). No mesmo período, redescobri uma tia que morava sozinha em Feira de Santana, que me convidou para morar com ela. Foi a fase "Veveka" (tia Vevé). Eu estava no ápice dos estudos, havia sido aprovado na primeira fase do exame da OAB e passei o Réveillon de 2014/2015 estudando para a prova subjetiva. Lembro que folguei no dia 31 e no dia 1º logo cedo já estava estudando. Fui aprovado na OAB antes de iniciar o último semestre do curso. A formatura foi um dos eventos mais emocionantes da minha vida. Eu havia superado todas as minhas expectativas, no sentido de vitória. Mais importante foi eu mesmo reconhecer a transformação que havia acontecido dentro de mim. As condições favoráveis e o apoio da família me proporcionaram a grande volta por cima. Eu havia provado para mim mesmo que o propósito é o combustível para toda e qualquer caminhada, é o que nos faz levantar da cama todos os dias e fazer o que temos de fazer para colher os bons frutos daquilo.

Percebe como a minha experiência pode ajudar você? O que não falei nesse resumo até aqui é que eu descobri que a leitura e o aprendizado são como a academia, vêm aos poucos. O cérebro é um músculo. Meu eu atleta jamais morreu, pelo contrário, considero-me um atleta completo. Dentro das minhas possibilidades e meus objetivos, eu me basto.

Agora, vamos lá. Como eu fiz para suportar tanto tempo de estudo, privação, dificuldades e mudanças? Tudo começou lá atrás, por volta de 2011-2012. Lembra que falei que fui a psicólogos fazer terapia e tal, não é?

Desses vários profissionais que consultei, um deles de fato me ensinou algo. Foi o Dr. Gervásio. A convite de um amigo paciente dele, fui para uma maratona de autoconhecimento chamada "quem sou eu?". Nessa maratona, aprendi de verdade o poder da meditação. Foram quatro dias de imersão profunda na doutrina hinduísta em busca da luz e da paz interior. Eu jamais havia meditado e achava mesmo uma baboseira tudo aquilo. Porém, quando estamos em necessidade de cura, todo e qualquer remédio é aceito. Pratiquei a meditação com os outros do grupo daquela maratona e saí de lá renovado.

A verdade é que eu demorei muito para começar a meditar sozinho, em casa. Foi após uma palestra no *YouTube* que resolvi tentar novamente. E acredite, funcionou. Desde 2014, eu medito praticamente todas as manhãs. Isso me traz paz e me faz pensar em uma coisa por vez, sem atropelar as ideias e sem pensamentos obsessores, que são aqueles que insistimos em pensar, sem que ao menos queiramos.

O outro pilar da minha transformação foi entender que eu não consigo lembrar de tudo o que eu tenho de fazer e aceitar isso. Em contrapartida, eu não aceito mais "esquecer" os meus objetivos/ideias/obrigações. Sendo assim, eu me programo para dar os passos seguintes de forma bem simples. Eu anoto tudo que tem de ser feito.

O último e mais importante pilar da minha mudança foi agir. Nada se faz sozinho. Nem um copo-d'água para matar a nossa sede se enche sozinho. É necessário ir lá e enchê-lo. Atitude. Ação. Se hoje você está lendo isso aqui, foi porque eu tive a atitude de me sentar por horas na frente do meu computador para escrever. Então, siga firme nesta leitura. Se você chegou até aqui, caminhe mais um pouco e aprenda as técnicas mais simples que você poderia descobrir. Mude sua realidade transformando seu futuro, chegando aonde você deseja chegar.

Se você está lendo de forma ininterrupta, parabéns, você já é um(a) leitor(a)! Se fez várias pausas, em vários dias, parabéns, você já é um(a) leitor(a)!

4

"MEDITAR TE DEIXA COM O FLUXO DE PENSAMENTOS MAIS ORGANIZADO. E, O MAIS IMPORTANTE, VAI FAZER COM QUE AQUELES PENSAMENTOS ALEATÓRIOS E SABOTADORES PAREM DE TE PERSEGUIR."

CAPÍTULO 4: MEDITAÇÃO

Eu falei anteriormente que não acreditava em meditação. Para mim, meditar era coisa de monge, daqueles carecas lá da Índia, do Butão e do Sri Lanka, que faziam isso porque era da religião deles. Óbvio. Ignorância gera preconceito com tudo aquilo que desconhecemos. Coloque uma coisa na sua cabeça: 100% das vezes que você julgar alguém ou alguma coisa que você desconheça é a ignorância prevalecendo no seu consciente. É a forma mais fácil de não aceitar o desconhecido. Fomos criados em uma cultura que objetiva sempre reproduzir aquilo a que estamos próximos, a ser o que o nosso ambiente determina, a nos comparar com o outro. Isso acontece pelas referências limitadas que possuímos, o que não é culpa sua nem da sua mãe ou do seu pai. Certas coisas simplesmente são culturais e devemos moldar essa cultura para algo que verdadeiramente acreditamos e que nos seja útil de verdade. Se você crê que ser invejoso e copiar o colega são atitudes que o(a) satisfazem e o(a) tornam pleno, quem sou eu para lhe afirmar o contrário? O motivo pelo qual você ainda está aqui é porque busca mudanças. E se você busca uma mudança, é porque está insatisfeito(a) com o seu atual "eu".

A primeira de todas as mudanças é a vontade de mudar. E creio que o passo inicial da sua transformação é pôr em prática algo que você não se condicionou a aprender durante seu crescimento. Reconhecer e ficar contente com o sucesso alheio, estes, sem dúvida nenhuma, são os maiores sucessos do ser humano moderno. Como reconhecer o sucesso alheio se o tempo inteiro eu estou competindo com os outros, buscando ser melhor do que eles, buscando vencê-los? São ideias meio contraditórias, concorda? Eu também concordo.

Pega esse gancho aí do parágrafo anterior e vamos raciocinar. O que seria mais confortável para você, travar batalhas de ego contra todos ao seu redor ou assumir e se contentar com as conquistas que eles alcançaram, usando essas pessoas como referências a serem seguidas? Admiração. Por que você consegue admirar o cara do *Big Brother Brasil*, mas não admira seu irmão, que pode ser dez vezes mais foda que aquele cara da telinha? Garanto que você "segue" várias pessoas no *Instagram* que o(a) inspiram, mas por que você não dá essa moral para o cara talentoso de sua cidade? Percebe a simplicidade da coisa? Seu cérebro pode ser moldado; seus preconceitos, quebrados; seus medos e angústias, controlados. Se você é ou conhece algum psicólogo, estou falando alguma besteira? Caso esteja, conforta-me ser corrigido.

Agora reflita sobre uma última situação, pois quero que você concorde, ou ao menos entenda o meu ponto de vista, quando eu falo sobre os fatores sociais e culturais que nos levam a pensar e a agir da forma como pensamos e agimos.

Vivemos e fazemos parte de uma sociedade prioritariamente cristã. Não me refiro aqui a nenhuma religião especificamente. Quantos de nós fomos ou conhecemos alguém que foi batizado, catequizado e crismado? Nós tivemos a possibilidade de escolher ou fomos levados a cumprir esses rituais? Pois bem, da mesma forma o Islã faz com os povos que o seguem. O que faz uma mulher usar a burca? O que faz um homem rezar cinco vezes ao dia, em horários rigorosamente definidos? Crença. Fé. E fé não é só fé em Deus. Fé é acreditar que o seu pensamento vai atrair você até coisas positivas, livrá-lo(a) do mal, dar-lhe saúde, entre outras milhares de possibilidades. A crença é tão poderosa que, se levada com muita exacerbação, vira extremismo. Falei do Islã justamente por ser fácil de perceber nesse exemplo. Sendo assim, Ari, o velho Aristóteles, dizia que o caminho correto do homem era sempre o do meio termo, nem pouco, nem muito. Equilibrado.

    Então, em nosso primeiro passo você precisa crer. E ter fé que isso funciona, como um remédio para dor de estômago. Tem coisa pior que acordar de madrugada com aquela dor absurda no estômago? Quando você toma um remédio, sabe que aquilo em alguns minutos vai agir e você vai voltar a dormir e relaxar, pois a dor terá passado. É óbvio que o remédio foi feito para isso. Mas e o efeito placebo, e os chás, ou mesmo uma toalha quente? Todo efeito é medido a partir da crença que você tem nele. Não importa como tudo foi definido na sua vida, "a partir do momento em que acreditar que uma coisa funciona, ela irá funcionar" (*O segredo*, de Rhonda Byrne; Atria Publishing Group/Beyond Words Publishing, 2006). Tudo isso são crenças. Não é porque você não enxerga algo, que não existe. Vamos lá...

Como eu falei, a minha primeira referência em meditação foi lá em 2011. Porém só fui mesmo me aprofundar e conhecê-la de forma mais ampla a partir de 2014, por uma necessidade. Então, lá vai o primeiro gatilho para você anotar: qual a sua busca? Que área da sua vida nesse momento fez você recorrer ao chamado da transformação? Somente você é capaz de responder a isso. Quando eu disse anotar, eu falei sério. Anote em um papel e o coloque em um lugar onde você possa ver constantemente. Gosto muito de colocar meus pedaços de papéis na carteira. O que anotar? Vai desde seu objetivo principal até as tarefas a cumprir. Certo. Acionado esse gatilho da necessidade, você já aceitou o ponto de incômodo. Será ele o motivo pelo qual você iniciará a sua jornada. E já lhe conto um segredo: você irá alimentar esse papel muitas vezes, com novas ideias, tarefas e objetivos que irão surgir, pois o ser em evolução jamais fica estagnado, preso a apenas uma mudança. Você irá sentir isso.

Com a sua necessidade de mudança definida, você precisa estar com o seu cérebro o mais disposto possível para assimilar qualquer novo conhecimento e disposição para pôr em prática tudo o que irá aprender daí em diante. É aí que entra a meditação.

Meditar deixa-o(a) com o fluxo de pensamentos mais organizado. E o mais importante: vai fazer com que aqueles pensamentos aleatórios e sabotadores parem de o(a) perseguir. Sabe aquele pensamento completamente desnecessário? Ou aquele pensamento que coloca você para baixo? São todos aqueles que ocupam seu tempo e sua energia, retirando seu cérebro de uma zona produtiva e o levando para uma de ansiedade, de tráfego desconexo. Uma pergunta rápida: quantos pensamentos e quantas ideias ao mesmo tempo você consegue ter? Se você respondeu muitos, fique calmo(a): você faz parte da maior fatia da população. Afinal de contas, olha a quantidade de informação inútil que recebemos todos os dias, fora a nossa vida, que nunca para de acontecer, as relações, os acontecimentos no mundo! Socorro! Entendeu? Certo, volta aqui, não se desespere. Para isso acontecer de verdade, eu tenho de ser sincero com você. E você, mais do que ninguém, tem de ser sincero(a) consigo mesmo(a).

 Ao aprender técnicas de meditação, percebi haver muitas variações. Afinal, técnica é algo muito pessoal e normalmente surte os mesmos efeitos, mudando basicamente a forma de acontecer.

Existem muitas meditações guiadas por aí. São legais, mas entendo que quando alguém está falando durante a meditação você não está concentrado em si e sim na voz do outro, fazendo com que o objetivo da própria meditação sofra uma interferência negativa naquele momento. Não estou dizendo que não funciona, mas não é a forma eficaz de se fazer. Imagine que você vai para a Chapada Diamantina, na Bahia, depara-se com a cachoeira mais linda da trilha e se senta para meditar. Você realmente acha que seja interessante ligar uma música com uma voz lhe dizendo o que fazer? Não. Naquele momento, você deve explorar a oportunidade de estar num lugar fantástico, com o próprio som da natureza, meditando com o ritmo da sua própria consciência. Aqui, o meu método é o da autodescoberta. Eu vou abrir a porta, mas quem vai entrar é você. E, lá dentro, você irá se descobrir, sozinho(a). Esse é o verdadeiro segredo da meditação: descobrir-se. E, para isso, você deve estar sozinho(a) dentro de si.

TRÊS PASSOS PARA A TRANSFORMAÇÃO

Para obter o efeito desse início de experiência, faça criteriosamente do jeito que eu explicar e com o passar do tempo você vai poder moldá-lo e adaptá-lo à maneira que lhe fique cada vez mais agradável.

O melhor horário para meditar? Qualquer hora. Porém, como estamos buscando uma transformação, ela virá agregada a outros valores que talvez você ainda não possua. Acordar cedo é essencial nesse estágio. Por que acordar cedo? Muito simples. Existem explicações químicas e astrológicas para isso. Mas o meu motivo é prático. Quando acordamos cedo, entre cinco e seis horas da manhã, a cidade ainda está adormecida, a paz e o silêncio reinam. Concentração é fundamental nesse momento. E existe o efeito que eu gosto de chamar de dia com 26 horas, pois temos a sensação de que o dia fica muito maior.

Vamos lá.

Acorde às cinco horas, use despertador mesmo. Na fase inicial, você vai ter de forçar a natureza. Academia é a mesma coisa: dói. Estudar para concurso é a mesma coisa: dói. Mas é o seu objetivo, não é isso? Beleza! Estava só confirmando.

Abra os olhos, desligue o despertador e, imediatamente, largue o celular de lado. Você não precisa dele agora. Sente-se na cama, com as pernas cruzadas, da maneira mais confortável que achar. Agradeça ao Criador ou ao Universo pela vida, pela saúde e por todas as bênçãos que você possui. Dê três respiradas profundas e lentas, acione o seu amigo chamado diafragma e o avise de que é hora de trabalhar. Feche os olhos. Coloque as mãos sobre as pernas, com as palmas voltadas para cima, deixe-as relaxadas. Encoste a língua no céu da boca, vai facilitar a sua respiração nasal.

Vamos começar.

Inspire lentamente. Não precisa encher os pulmões completamente, apenas uma boa respirada, lenta. Sinta o diafragma e os seus órgãos se movimentando.

Nesse momento, comece uma contagem crescente (mentalmente):

TRÊS PASSOS PARA A TRANSFORMAÇÃO

Respira... solta... 1.
Respira... solta... 2.
Respira... solta... 3.

O objetivo é você focar ao máximo no pensamento dos números. Esses números são como as anilhas da academia, são os pesos que o(a) irão deixar forte e bem condicionado(a).

Respira... solta... 4.

Milhares de pensamentos vêm à tona nesse momento, é o seu cérebro mal condicionado trabalhando, enviando informações que você não solicitou, criando o tráfego na sua mente.

Respira... solta... 5.

Quando eu digo "pense apenas nos números", é para pensar apenas na contagem. Crie números à sua maneira, grandes, coloridos, pintados em uma parede, balões de festa, plotados em um carro, brilhantes. Os números podem ser como você desejar.

Respira... solta... 6.

Ao surgirem pensamentos que você não solicitou, imagine uma vassoura, ou mesmo um espanador, e simplesmente limpe-os de sua mente. Da mesma forma fácil que eles chegaram, eles irão sair.

Respira... solta... 7.

Não deixe que incômodos no seu corpo o(a) atrapalhem. Pode se reposicionar. Comichões e dormências podem surgir, viva esse momento. O que acontece com o seu corpo agora não é importante, você está flutuando dentro do universo que é a sua mente.

Respira... solta... 8.

Barulhos externos não podem incomodá-lo (a). Você, agora, está em outra dimensão, olhando dentro de si mesmo(a). Não é maravilhoso? Imagine que dentro de você há um universo, milhões de estrelas. A Galáxia. O fundo do oceano, azul, com o sol levemente cortando a água. Você não só faz parte daquele ambiente, como você é o próprio ambiente.

Respira... solta... 9.
Respira... solta... 10.

Na primeira semana, não exagere no tempo. Existe uma ansiedade pelo fim, o que é supernormal. Você começa a meditação já querendo acabá-la. Calma, já prevíamos isso. Por isso, as contagens iniciais não devem passar de dez. Podem até chegar a vinte na primeira semana, mas tenha calma, você demorou a vida inteira para receber essas informações.

Com o passar dos dias e da constância, você vai gradativamente aumentando a sua contagem. Haverá dias em que você irá se superar, pois você passa a ser a sua referência naquilo, ninguém está competindo contigo a não ser você mesmo(a). O objetivo é chegar a cem respirações. Chegando a esse número, você estará condicionado(a) a moldar sua meditação e transformá-la em algo mais pessoal, único, feito de você para você mesmo(a).

O ganho de serenidade no pensamento vai fazer uma reorganização no seu pensar. O cérebro vai trabalhar com menos sobrecarga. A ansiedade será só uma lembrança de dias passados, uma outra fase. Superados semanas e meses de exercício matinal, sem perceber, a transformação já passou a acontecer.

Como aqui estamos buscando resultados práticos, vamos ao próximo passo. Lembre-se sempre de que este manual deve ser utilizado em auxílio aos seus objetivos pessoais, sendo um suplemento para os seus sonhos, um turbo para as suas aspirações.

5

"A SENSAÇÃO DE DEVER CUMPRIDO, O PRAZER DE TER ZERADO A LISTA NO FIM DO DIA É A RECOMPENSA QUE ALIMENTA ESSA PRÁTICA, SENDO QUE VOCÊ ESTÁ PLANTANDO SEU OBJETIVO."

CAPÍTULO 5: PROGRAMAÇÃO

O uso de todas as ferramentas aqui elencadas deve, necessariamente, ser feito em conjunto. Não se faz um delicioso *milk-shake* apenas com leite ou com sorvete, deve haver a união dos ingredientes para completar a receita e torná-la deliciosa. Quando comecei a descobrir que a proatividade poderia ser desenvolvida, fiquei muito intrigado. Até aquele momento, eu imaginava que o sucesso, sendo de que tipo fosse, era consequência natural do ser. Imaginava, na minha inocência, que aqueles que "chegavam lá" estavam predestinados, como um príncipe que já nasce dono da coroa. Penso que a minha ideia inicial de sucesso era a herança. Que pensamento limitado, não?

Vencida a fase de desinformação, com o auxílio da curiosidade, do *Google* e do *YouTube*, conheci um cara chamado Gabriel Goffi. Ele foi um dos primeiros influenciadores motivacionais do recente mercado digital, que tinha e tem como lema a máxima *performance*. E o que seria essa máxima *performance*? Seria fazer com que se otimize o tempo e condicione o seu cérebro a dar-lhe o máximo de *performance* em seu dia. Fazer mais em menos tempo, e cansando menos. Ganhando mais produtividade e, como consequência, alcançando seus objetivos. Ok. E o que ele me ensinou? Entre as várias coisas que Gabriel passa em seus vídeos e textos, o que mais me impressionou, e acabei adicionando à minha realidade, foi a questão da programação. O que seria então programar? É a mesma coisa que faço com o micro-ondas, quando coloco uma comida para esquentar? Quase isso. A programação à qual me refiro é, na verdade, um roteiro de tarefas que você obrigatoriamente vai seguir nos seus próximos dias. "Mas quais são essas tarefas, Raphael? Você é quem vai me passar essas tarefas?".

Absolutamente, náo! E eu lá sei o que você faz do seu dia, qual é o seu trabalho, sua rotina?

Você, agora, vai perceber a simplicidade e a eficiência do funcionamento. Programar nada mais é, na situação posta à sua reflexão, que listar todos os seus afazeres. Isso mesmo, listar. E sabe qual é a grande sacada de anotar tudo o que você tem de fazer? Não esquecer.

Aí você deve estar pensando: "Gênyu!".

Perceba, é algo tão simples que, pela "simplicidade", parece não fazer qualquer diferença. Mas faz. A explicação para você ter um roteiro das suas atividades é muito simples: aquilo que está escrito não será esquecido. Por outro lado, também não irá ocupar espaço na sua mente fazendo-o relembrar o tempo inteiro das tarefas diárias e com isso abre espaço e economiza energia essencial, os quais serão usados para o seu raciocínio livre. Não é interessante? E mais, quando uma tarefa do seu dia está escrita – repito que gosto de usar pedacinhos de papel na carteira -, você se sente psicologicamente pressionado a cumprir aquela tarefa, afastando a procrastinação, que é justamente um dos males que proponho juntos combatermos. Percebe? "Poxa, Rapha, mas eu salvo tudo no meu celular em minhas 'tarefas'. Eu já salvo tudo o que tenho de fazer, inclusive coloco até alarmes". Olha só, já existem correntes de pensamento afirmando ser o celular um grande vilão para a saúde mental e saúde física do ser humano. Isso é verdadeiro. Quando se coloca as tarefas no celular, ele passa a armazenar absolutamente tudo da sua vida. Banco, rede social, fotos, vídeos, ar-condicionado do quarto etc. Então, no momento em que você for acessar a sua programação diária, existe a possibilidade de, instintivamente, ser compelido a conferir o *WhatsApp*, o *Instagram*, o *Facebook*, o *TikTok*, o saldo bancário, o *e-mail*, as mensagens de texto e por aí vai. Consequência: toda a energia armazenada para fazer acontecer foi gasta desnecessariamente em um minuto fuçando o nada.

    Sua mente foi invadida por inúmeras outras informações, seu cérebro viu corpos perfeitos, viagens dos sonhos, carros fantásticos, valores de produtos que você não estava procurando, mas pelos quais acabou se interessando. Muita inutilidade. Eu poderia citar várias outras coisas que você, inclusive, poderia estar pensando neste momento. O papelzinho é "antidistração". Você não vai se entreter com uma folha branca, na qual está escrito: "ir à oficina resolver o ar do carro", "ler mais dez páginas do livro", "fazer o mercado", "consertar a tela do celular", "pagar o João", "curso de inglês", "academia" etc. Percebe que a programação a qual me referi está longe de ser algo complexo, e que se torna seu secretário particular a partir do momento que se desenvolve o simples hábito de olhar o seu papel? Outra coisa, a programação deve obedecer sempre a um critério de importância. As tarefas mais importantes devem ser sempre priorizadas. Em seguida, as menos importantes.

O dia segue uma rotina como qualquer outra. A diferença é que o seu dia é programado. Você faz coisas iguais e coisas novas, diferentes. Mesmo aquilo feito todos os dias, como ir trabalhar, por exemplo, deve constar da sua lista de tarefas junto aos demais afazeres. A sensação de dever cumprido e o prazer de ter zerado a lista de tarefas ao final do dia são a recompensa alimentadora dessa prática. É você quem está plantando o seu objetivo, aquele escrito em outra folhinha e guardado no seu íntimo. Percebe como serão possíveis recompensas diárias e a longo prazo? Legal, não é? Muito. Eventualmente, você pode até não cumprir toda a relação de tarefas anotadas para o dia, mas certamente o que não foi realizado vai pautar a relação do dia seguinte para o devido cumprimento. Você pode nunca ter sido um(a) combatente, um(a) militar, mas a sensação do dever cumprido é sempre prazerosa e de imensa felicidade. E o grande beneficiário disso tudo não é outro(a) senão você.

"Qual o melhor horário para programar meu dia?" Na noite anterior. Durma sem obrigação nenhuma de lembrar o que você terá de fazer no dia seguinte. Relaxe a sua mente. Existe alguém que já está trabalhando por você. Até as coisas mais simples, como comprar sabão, devem ir para a lista de tarefas. Não se preocupe se ela ficar grande, você vai dar conta. Logicamente, se você tem de ir ao supermercado sua programação não será a lista de compras, mas simplesmente "supermercado". A lista de compras vai em outro papelzinho.

Pois bem, cumpridas as tarefas do dia, sente-se ao final da tarde e programe o dia seguinte. Durma sem preocupação. Ao acordar, inicie seu ritual: meditar. A mente está descansada depois de uma noite de sono tranquila, sem aqueles pensamentos que o(a) preocupariam relativos ao que teria de fazer logo pela manhã. Após uma proveitosa meditação, saia da cama e inicie seu dia: banho, café e articulação das suas coisas, via celular, através de mensagens. Nada mudou, percebe? Mas, agora, você está usando técnicas que não o(a) fazem perder tempo e energia desnecessariamente. Vá em frente, pois o próximo passo é o mais crucial de todos e nenhum desses dois (meditação e programação) possui qualquer eficácia sem ele.

Como já relatei, comecei minha jornada por autoconhecimento e cura lá por volta de 2011/2012. De lá para cá, o que mudou em mim de verdade? Para responder a isso, é necessário listar os dogmas que eu abandonei. Olha, eu pensava tanto em "Será que eu estou no caminho certo? O que estou fazendo é o certo?", que não sobrava mais espaço para outros questionamentos. Compulsão, agitação, inquietude, ansiedade, bipolaridade. O resultado de pensamentos compulsórios - podemos chamá-los assim-, esses que parece que somos obrigados a aceitar na marra, nos diminui em vez de engrandecer. Faltava energia para pensar em outras coisas, faltava tempo, espaço no "HD". Tive muita bênção de ter uma luz, uma voz em mim que me falava: "supera isso", "você não é isso, passa por cima", "faz de tudo para superar, procura ajuda, faça o que for". Então foi assim que fui em busca de me conhecer, utilizando excelentes profissionais e acionando o gatilho da "vontade da busca pela cura" em mim. Aceitar. É assim que você é agraciado(a) com a cura. Aceite que precisa dela, viva desejando melhorar. Não aceite receber menos do que merece. O universo conspira a nosso favor todos os dias. "Plantando o bem, colherá o bem". Esqueceu?

    Depois do meu despertar, fui aprendendo coisas novas e adicionando aos meus dias o que eu chamo de "atitudes ideais", que são aquelas atitudes de praxe, que você deve sempre adotar, no automático. Não que seja obrigado(a), mas que seja a regra, como cumprimentar ao chegar, dar bom dia e dizer obrigado.

Quando eu passei a meditar e a organizar minha mente, acabei acionando uma faixa do meu cérebro que não era a que eu buscava. Falei para você que estava seguindo as instruções de Gabriel Goffi, querendo *performance* no meu dia, no entanto o que despertou em mim foi uma visão de mundo diferente.

Todas as coisas têm um propósito, um motivo para existir. Confesso a você, fiquei leve. Sabe aquela gordura retida que se perde no primeiro mês de academia e dieta focada? Se não sabe, descubra. Vai mudar sua vida. Foi exatamente assim. Parei de preocupar-me com situações e pessoas e, de repente, meu cérebro passou a rodar com menos sobrecarga. Lembro-me de um fim de semana, eu estava com a minha parceira e simplesmente acordei sentindo os efeitos da mudança. Dormi o fim de semana inteiro. Relaxei. Eu não me sentia assim desde criança, solto de verdade. Uma vez sentida aquela sensação, eu queria mais. E a sensação nada mais é que o sistema nervoso trabalhando certo com os nossos hormônios. São descargas que aumentaram de frequência e duração depois de um tempo de prática. Confesso que isso também me deixa descuidado – na verdade, "relaxado" seria a melhor definição. Sempre acontece de entrar em uma semana tão satisfeito comigo mesmo que paro de fazer o meu tripé. Acordo tarde, não medito, fico na cama por mais tempo. Acontece normalmente aos finais de semana. É supernormal. Aproveite. Se quiser, jogue-se em uma maresia. Use do seu merecimento.

Quanto mais você economiza esses momentos de prazer, mais eles se intensificam quando acontecem.

Tudo que é "sempre" passa a ser "chato".

O que veio em seguida foi uma diminuição absurda no sentimento de competitividade. O sucesso dos outros passou a me deixar feliz. Saber que uma pessoa querida ou mesmo apenas um conhecido está brilhando converteu-se em orgulho e referência para mim.

Em 2015, conheci o *Mountain Bike*, por intermédio do Xcamas, irmão de vida e trilhas, que me mostrou o mundo paralelo que é a bicicleta ao ar livre. Hoje, expresso todo o sentimento de competitividade quando estou pedalando, unido ao instinto natural de sobrevivência, já que, em muitos momentos, pedalar é superar limites.

Outro sentimento extremamente negativo deixado de lado, um dos mais aparentes depois da disseminação do uso de redes sociais, foi a inveja. Sem forçar ou me doer em nada, consigo conceber, conviver e referenciar o sucesso do meu irmão, do meu amigo, do meu vizinho, sem qualquer comparação com ele, ou de me projetar automaticamente naquela situação vivida por alguém. Concebi que cada pessoa tem a sua própria história, ou seja, o que é do outro não é meu. Se nunca me pertenceu, não me faz falta alguma. E aquele desejo de necessidade momentânea para vivenciar aquilo nem passa do processo embrionário. A minha mente sabe o que busca e admirar e contemplar o sucesso alheio alimentam mais a minha coragem de tornar possíveis os meus sonhos e não de, ilusoriamente, vivenciar os dos outros.

Para lhe ser bem sincero, é muito bom alguém lembrar-nos todos os dias como somos incríveis, não é mesmo? Imagine, então, ser lembrado(a) disso por você mesmo! Pela primeira vez, menciono o nome dela aqui. Isso mesmo, uma velha conhecida nossa. Provavelmente o retorno dela à sua vida será o seu principal ganho inicial nessa lenta corrida em busca da transformação. É a autoestima. Tudo já narrado acima é reflexo de alguém que possui uma estima de si muito pontual, nem a mais, nem a menos, mas como deve ser.

Raciocine comigo: você passou a vida inteira se sentindo, ok? Nem incrível, nem na pior, estava sempre "de boa"? Se a resposta foi "de boa" para a maioria das vezes que lhe perguntaram como você estava, significa que durante todo esse período você estava sobrevivendo, estava ok. Nem frio, nem quente, morno. E morno, meu amigo, minha amiga, é aquele que é indiferente a si mesmo, às suas emoções. É aquele que normalmente não se impacta com as coisas. Tudo é "normal", "faz parte", "é sempre assim". Quando se olha no espelho, vê seu reflexo e nada sente. Não admira cada centímetro daquele reflexo porque passou a vida tendo de andar sempre pelo caminho da aceitação. Eu sou, no máximo, "pegável".

Chega.

Chega de achar que o seu lugar no mundo já está definido. O que estamos construindo aqui é muito maior que isso. Responda-me rapidinho: gasolina adulterada rende a mesma coisa que gasolina aditivada? Apesar de terem nomes parecidos e serem basicamente a mesma coisa, embora de composição diferente, o efeito que uma causa é completamente diferente que o da outra. Por quê? Porque é o alimento que o(a) sustenta. O que o(a) move é aquilo que você ingere. Uma vida pautada na mediocridade e na inércia é o que pode transformar ou já transformou você num ser limitado, longe de todo o seu potencial real. E só você é capaz de acessar esse "HD" interno para liberar o conteúdo que sempre existiu aí dentro, porém ainda distante, pois os *links* de acesso não foram criados.

Percebeu como atitudes simples, como a de programar uma rotina, podem tirar você do ponto A e levá-lo(a) ao ponto B? Agir sempre foi e será o melhor remédio para tudo. Eu acredito 100% no poder da ação, o que me leva, agora, ao nosso último apoio do tripé, aquele que, sem os outros dois, fica impossível colocar qualquer uma dessas práticas para funcionar.

6

"AGIR É TER ATITUDE.
AGIR É TER HUMILDADE PARA COMEÇAR ALGO DO ZERO.
AGIR É COLOCAR A MÃO NA MASSA, COM ORGULHO DE ESTAR CONSTRUINDO
O SEU FUTURO."

CAPÍTULO 6:
AÇÃO

Nossa, neste momento sinto uma energia cósmica penetrando cada centímetro do meu corpo. O sangue que corre em minhas veias está sendo purificado por uma máxima chamada gratidão. Eu pude iniciar o capítulo sobre ação arrebatado pelo mais profundo sentimento de gratidão por ter chegado até aqui.

Sabia que para cada ação corresponde uma reação? Sabia, não é? Muito provavelmente você já usou esta máxima para justificar algum "toma lá, dá cá" da vida. Usa-se essa frase para dizer: "toma aqui o dinheiro e me dá o produto". Em uma luta de MMA, uma sequência de golpes respondida com outra, logo em seguida. No futebol, quando o jogo está franco e as duas equipes querem ganhar. É lá e cá.

Ação, movimento, o antônimo da inércia. Os exemplos que eu dei a você são a resposta pronta para a nossa terceira e mais importante atitude. Se eu ajo em uma situação, seja para repelir o que vem de encontro, seja para sair de onde estou, ou mesmo apenas para me forçar a mudar a forma como vejo aquilo, isso desencadeia uma sequência de acontecimentos que vai definir o meu futuro próximo.

A ação que você deve internalizar não é a ação do contragolpe, da resposta. Eu, neste momento, quero apresentar a você a ação livre. A ação livre é o oposto da ação condicionada, em que esta seria sempre a resposta que você daria a algo que veio ou está vindo ao seu encontro (dando o contragolpe). A ação é livre quando você passa a agir no sentido de desbravar. Explico. Olha a ideia: "Do nada, resolvi pintar minha parede de azul". Ouvi falar que azul acalma. Fui pesquisar e descobri a cromoterapia. Pintei uma parede de azul no meu quarto e coloquei uma lâmpada igualmente azul. Agora sou uma pessoa mais focada, calma e serena, graças a essa tal de cromoterapia.

Percebeu aí onde está a coisa? O segredo? Vou dar-lhe outra chance, leia de novo. Leu? Então a primeira coisa que aconteceu antes de essa pessoa vivenciar a cromoterapia foi ela conhecer essa ciência. A segunda foi acreditar nela. A terceira foi agir, foi fazer acontecer, "pagar para ver" o resultado. Entendeu como é a ciência? Se não tivesse a informação de que aquilo é válido e se não tivesse ido até a loja para comprar a lâmpada, tê-la trocado no bocal, tal experiência jamais teria significado. Percebeu a simplicidade do exemplo e a magnitude das possibilidades?

Agir naturalmente é fazer o que sempre fez, de forma a trazer-lhe sempre os mesmos benefícios. Eu me alimento bem todos os dias (no geral é assim) visando ter saúde e a manutenção de um corpo satisfatório. Estou agindo naturalmente, evito comer doce em excesso, tomar refrigerante ou comer fritura. Para mim, esta é a regra. Todos os dias ajo dessa forma e isso se reflete no meu bem-estar. Certo, mas eu sempre fui assim?

Não, iniciei com o propósito de estar com um corpo bonito e, quando dei por mim, aquilo de comer bem virou um hábito.

Ou seja, depois de um tempo o que era sacrifício se transforma em estilo de vida. Mas que massa, "estilo de vida"! Nomeie suas lutas, esqueça o poder crítico dos fracassados que o(a) fazem de chacota. Esses jamais chegarão aonde chegaremos.

Escrevi este trecho para vocês exatamente às 6h42. Se foi um sacrifício? De forma nenhuma. Já acordo cedo há anos e o pensamento matinal é o mais leve que possuo durante o dia. Além do mais, ontem eu havia me programado para estar escrevendo agora. Eu não fiz esforço para acordar e me sentar para escrever. Quando eu me programei, anotando o que faria, meu cérebro fez um compromisso com o meu corpo, informando que meu propósito para aquelas horas da manhã seria escrever. E a minha recompensa foi ter mais algumas páginas prontas para o nosso livro.

TRÊS PASSOS PARA A TRANSFORMAÇÃO

Existem diversas formas de você encarar uma mudança. A mais natural é adaptar-se às transformações que surgem na vida, não é isso? E se eu disser a você que se adaptar é dar um contragolpe? Quando iniciei o livro, falei ser a ação a mais importante de todas as atitudes, pois é ela que materializa o objetivo. Com isso, quero deixar claro para você que este é o momento para iniciar algo do zero, completamente novo, desvinculado de tudo o que já aconteceu na sua vida, fora da caixinha mesmo. Convido-o(a) a iniciar o seu sonho, partindo do seu ponto inicial: a vontade, o desejo.

Esqueça ser reação: de estudar porque tem prova, de se arrumar porque vai a uma festa. É um convite a estar bem a todo momento, preparado(a) para o que der e vier, sempre sabendo que haverá um próximo passo, ciente de representar você até na sua ausência. Quem somos nós para os outros em nossa ausência senão a nossa história? Ter uma história só é possível se tiver havido momentos, e estes só serão validados eternamente se houver ganhos envolvidos.

O seu primeiro dez foi inesquecível, pode ter sido o único, pode ter sido colado, mas foi um dez inesquecível. "O dia em que venci o medo e fui procurar emprego. Jamais esquecerei o dia em que fui promovido a chefe, e tudo começou naquele dia em que fiz o meu currículo e saí para distribui-lo." Essa revelação é de quem agiu, venceu e hoje conta sua história.

A ação é o poder da mudança. Agora você está aqui. Depois, ali.

Com o nosso tripé, você aprendeu a controlar seus pensamentos e a tomar as rédeas da sua mente, acalmando e dando um curso com menos curvas a esse caudaloso rio que ela é. Concebeu a ideia de programar sua vida, pois, apesar de não sermos robôs, temos obrigações e etapas que devem ser previstas e pensadas. E, agora, vai aprender na prática como eu entendo o poder da ação e como isso vai colocá-lo(a) em seus trilhos, que são completamente diferentes para cada ser que você conhece.

Como você acha que o homem chegou à Lua? Podem não ter seguido nosso tripé aqui, mas certamente o fizeram com muita programação, preparação e, principalmente, ação.

Antes de mais nada, você precisa querer isso tudo. Certamente, se chegou até essa frase, significa que dentro de você existe uma vontade de mudança muito grande – para quem o conceito de mudança ainda era algo desconhecido. Você não sabia por que, por onde, nem como começar. Continue lendo, as informações contidas aqui foram retiradas de um contexto de experiências pessoais que transformaram profundamente minha vida e a forma como enxergo a mim mesmo e o meu entorno.

Chegamos ao momento que considero crucial nesta jornada. Colocar a metamorfose para acontecer. Vamos lá! As regras aqui serão como compromissos, certo? "Seremos eficazes sempre que seguirmos o protocolo."

Acorde. Lembre-se que é uma intervenção quase médica, mas é você quem está no controle. Aqui, não faremos uso de medicamentos, apenas da força de vontade e de técnicas para despertar o seu verdadeiro potencial, que já está aí dentro. Jamais duvide disso. Seu poder é ilimitado e está dentro de você, só precisa acessá-lo. Durante os primeiros 30 dias você irá colocar o seu despertador para tocar entre 5h e 6h da manhã. Quanto mais cedo, maior é o seu engajamento e mais intensa será a descoberta que você terá, além do ganho em horas no dia.

Assim que estiver desperto(a), fique na posição e medite. Leve muito a sério esse momento. Todas as etapas indicadas nesta publicação são determinantes, uma é o alicerce da outra. Após o momento consigo mesmo(a), siga religiosamente a programação feita, priorizando seu dia com as coisas mais importantes que estão atrasadas e os novos projetos. Se você acompanha seu signo astral, fique sempre atento às luas vazias.

Sendo bastante sincero, não estou aqui para encorajar você a ser um(a) político(a), largar seu emprego e recomeçar, ou mesmo mudar a sua visão de mundo. Minha missão, com as experiências vividas e ora compartilhadas, é dar-lhe margem para perceber ser possível ser feliz com a vida que possuímos, prestando mais atenção nela e valorizando cada momento. Quando trabalhamos com folga mental, as coisas deixam de ser enfadonhas, chatas e sem sentido.

Existem pessoas que naturalmente são despertas. Com certeza você conhece pessoas que não ocupam cargos de relevância social, não possuem dinheiro de sobra, mas que encaram a vida e a rotina de maneira extremamente feliz. Pense, agora, em uma pessoa assim.

Quando falo em ação, meu amigo, minha amiga, é sobre você se libertar do "eu faço depois" e adotar o "eu faço agora e descanso depois". Já percebeu que o preguiçoso sempre está cansado e que, normalmente, não fez nada para estar assim? Ele não tem culpa, a preguiça foi o hábito que ele cultivou, então o resultado gerado pelas suas ações ou pela sua inércia será condizente com isso, qual seja: falta de disposição, falta de dinheiro, falta de reconhecimento, falta de notoriedade, entre outras muitas faltas que você pode seguir enumerando.

Agir é ter atitude.

Agir é ter humildade para começar algo do zero.

Agir é colocar a mão na massa, com orgulho de estar construindo o seu futuro.

Agir é não ter vergonha de admitir que errou a vida inteira e só agora descobriu isso.

Agir é aprender e ensinar o que aprendeu.

Agir é construir um sonho.

7

"CUMPRA SUA PROGRAMAÇÃO, VENÇA SUAS METAS, ACUMULE PONTOS NA SUA CAIXINHA E USUFRUA DELES."

CAPÍTULO 7: CAIXINHA DE RECOMPENSAS

Antes de esta obra ficar pronta, enviei cópias para vários amigos, os quais as reenviaram para outros amigos e estes para outros tantos, e assim por diante. Viramos uma comunidade informal, verdadeiramente impactada com a veracidade e a eficácia desse tripé. Nesse momento, percebi ter criado um manual válido e real para outras pessoas na busca de soluções práticas, eficientes e verdadeiras para a transformação pessoal. Esses *feedbacks* ajudaram-me a construir uma autoridade. Essa autoridade é o compromisso da responsabilidade para transmitir um conteúdo transformador capaz de mudar seus paradigmas. Senti-me no dever de oferecer e disponibilizar a você uma experiência programada que funciona. Sendo assim, da mesma forma como a aplicação do tripé vai funcionar, você deve ter noção de que a diferença entre o remédio e o veneno está na dose. Vou explicar. Quando começamos uma atividade nova, seja ela qual for, introduzimos em nosso corpo algo que antes era desconhecido. Se você nunca malhou, obviamente que sentirá dores musculares nas primeiras semanas, pois seu sistema cardiorrespiratório ainda é frágil e limitado; levantar grandes pesos é apenas um risco à sua saúde. Enxergou-se aí, não é? Da mesma forma é com o estudo, para concursos etc. Você não vai, por mais que queira, estudar longas horas por dia, inicialmente. É toda uma caminhada rumo à homeostase, ao equilíbrio, ao momento em que aquilo deixa de ser um sacrifício e passa a ser rotina, comum, "parte da minha vida".

Contudo, é notório que um percentual enorme de pessoas abandona seus projetos de mudança logo nos primeiros dias, nas primeiras semanas. Por quê? Essa desistência, considerada tão normal pelo senso comum e abstraída por aquele que o faz, eu chamo de falta de vislumbre. Porque o sentimento de zona de conforto vai estar o tempo inteiro acompanhando-o(a) nos momentos iniciais. "Tá louco, passei duas semanas acordando cedo para meditar, não dou conta, acordar de madrugada não é para mim"!; "Falar é fácil, mas fazer todas as tarefas que eu programei cansa demais"; "Depois do terceiro dia aplicando o tripé, eu já não aguentava mais aquele ritmo"; "Depois de um mês aplicando o tripé, abandonei, percebi que estava me cansando em vez de otimizar o tempo, pois já não estava conseguindo relaxar, eu só pensava em produzir". Pensamentos como esses ocorrem por causa da estafa, do cansaço, que é uma sobrecarga mental e física daqueles projetos colocados em andamento. Se você nunca agiu dessa maneira e passou a praticar suas atividades de forma mais inteligente e eficaz, é claro que isso provoca uma mudança no seu ritmo. Foram vinte, trinta, quarenta, cinquenta anos agindo de uma forma. De repente, você mudou. É claro que a mudança vai lhe trazer inicialmente uma sobrecarga. Não tenha medo, pois existe uma solução prática para essa situação.

Quão fácil seria se fôssemos como os computadores, nos quais você programa, aperta um botão e vê a mágica acontecer. Nós, humanos, precisamos de pausas, intervalos, *breaks*. Sempre que você iniciar a sua mudança, fique ciente de que ela virá de forma ascendente. Saindo do chão, como um broto de árvore, você irá percorrer todo um ciclo de tempo antes de fazer a sombra. Assim, inicialmente, a cada cinco dias de execução plena das suas programações, é prudente reservar um dia livre na caixinha de recompensas. O número de dias seguindo o tripé pode e deve variar conforme o seu esforço e a sua força de vontade para chegar lá, mas minha sugestão são os cinco dias, que representam os dias úteis da semana, colocando o fim de semana como sendo o momento verdadeiro de descanso, reservando-o para possivelmente acordar mais tarde ou assistir um filme interessante. Você não sabe, mas o fim de semana já possui essa desaceleração natural em nós. É algo que o mundo o(a) obriga a viver. Você não precisa seguir essa linha natural. A ideia do fim de semana é só uma boa dica, mas você pode tranquilamente usar os seus dias acumulados na caixinha em uma segunda, uma sexta ou em uma quarta-feira. A partir dessas práticas, você tomou as rédeas da sua vida. Tudo relativo a você pode ser melhorado, transformando sua rotina em seu estilo de vida.

Você pode estar pensando agora: "Mas eu não posso me dar o prazer de faltar ao trabalho." Nem vai. Em momento algum afirmei ser sua recompensa passar o dia de chinelos. A caixinha de reservas é a recompensa para o descanso e o descanso é justamente relaxar e flexibilizar seu novo modo proativo, para não cair na estafa e desistir antes de os efeitos começarem a surgir. Sendo assim, cumpra todas as suas tarefas, sinta-se feliz e recompensado(a) por atingir suas metas e se dê um dia de descanso para agir naturalmente, como você agia antes. Isso irá, inclusive, despertar a sensação de "eu nem acredito que já fui assim".

Cumpra sua programação, vença suas metas, acumule pontos na sua caixinha e usufrua deles. Desistir não é uma opção quando se trata de transformação pessoal, pois o maior motivo de ter chegado até aqui foi a insatisfação e a crença na melhora. Sendo assim, o tripé jamais será um desafio invencível, algo impossível ou difícil de ser realizado. Assim como aconteceu comigo, esse tripé será uma ferramenta verdadeiramente eficaz para você transformar sua vida de forma simples, natural e progressiva.

8

"INDEPENDENTEMENTE DE VOCÊ TRABALHAR OU NÃO AOS FINS DE SEMANA, TENHA CONTROLE DE COMO ELES O INFLUENCIAM."

CAPÍTULO 8: TEORIA DA QUINTA-FEIRA

O primeiro dia da semana é o domingo, porém a segunda-feira é considerada o primeiro dia útil. O que isso quer dizer? Quer dizer que todos os dias são iguais. O fato de o domingo ser o dia mundial do descanso não significa que deve ser para você também. Afinal, muitas pessoas trabalham no domingo justamente para manter as engrenagens da vida em funcionamento, para o nosso bem-estar e nossa segurança. Estou afirmando isso com o intuito de ajudá-lo(a) a utilizar a semana a seu favor. Independentemente de você trabalhar ou não aos finais de semana, tenha controle de como eles o(a) influenciam.

Segunda-feira é normalmente o dia mais intenso da semana, em termos de agenda. É o dia que retornamos do descanso do fim de semana (ou da farra). É o dia de voltarmos às atividades, ao trabalho, à faculdade etc. Ele por si só já é um dia bastante movimentado. Os negócios pausam no sábado e no domingo e a segunda-feira é o *play*. Assim, fica mais difícil encaixar uma nova atividade nesse dia tão comprometido. Nas minhas várias tentativas de iniciar o novo em minha vida, por muitas vezes esperava a chegada da segunda-feira para começá-lo. Na segunda-feira nem sempre conseguia colocar meu objetivo em andamento, às vezes por não ter preparado o tempo de forma correta ou por me sentir ainda cansado da semana anterior. Veja: se eu espero passar o fim de semana, que é, em teoria, um momento livre, para começar a minha revolução estarei desperdiçando o tempo disponível, procrastinando. "Por que não começou no fim de semana então?" Respondo por você: porque não reservei energias durante a semana para começar algo novo. Isso é óbvio e absolutamente aceitável.

A teoria da quinta-feira vem para ajudar você a ter um norte de quando iniciar sua jornada rumo à transformação. Se o fim de semana é o seu momento de descanso, não mexeremos nisso. Nada é pior que iniciar a semana fatigado(a), esgotado(a) por não ter conseguido descansar o corpo e a mente.

Sendo assim, se possível, reserve a quinta-feira para iniciar suas novas atividades, seus novos objetivos, adicionar ou mesmo começar a aplicar as tarefas do tripé. A quinta-feira é um dia próximo do final de semana, mas ainda não é o último dia útil. Grande parte dos objetivos da semana foi cumprida. Possivelmente, há mais espaço na agenda. Logo, é possível criar o engajamento naquele dia e iniciar as atividades. Esforce-se para esse algo novo acontecer de quinta-feira até sábado (ou sexta), já que geralmente o dia livre para o relaxamento é o domingo, quando se descansa e avalia a retomada dos afazeres na segunda-feira. Pode parecer irrelevante, mas é absolutamente eficaz. Além de tirar aquele falso compromisso de iniciar algo novo de cara na segunda-feira, afasta-se a estafa da prática de cinco ou seis dias seguidos de intensa atividade. Por outro lado, brota a sensação de ter antecipado a ação, sentir que agiu de forma adiantada antes da chegada da segunda-feira, emanando dentro de si um sentimento de empoderamento. É uma fantástica emoção.

CONSIDERAÇÕES FINAIS

Se minha experiência tiver o poder de ajudar uma só pessoa, a missão já estará completa. Se você foi capaz de suportar a leitura até aqui e se o tripé da transformação pode contribuir para uma mudança de vida, essa seguramente será a recompensa pelas horas dedicadas para viabilizar essa publicação.

Serei eternamente grato a cada um de vocês por ter apreciado o meu trabalho. Agradeço a oportunidade de poder contribuir para transformar o mundo, ainda que o mundo se resuma exclusivamente a você.

Se você gostou do livro, indique-o a um familiar ou amigo. Presenteie. Passe adiante as informações contidas nele, compartilhe com outros a experiência da mudança.

Estes escritos foram feitos nas manhãs de abril de 2020, segundo mês da pandemia de Covid-19 no Brasil. Em quarentena, percebi o surgimento em minha vida de um novo ciclo. Eu simplesmente abracei a missão.

Muito obrigado por me deixar entrar na sua vida.

Feliz vida!

Gratidão.

Siga-me no Instagram: @raphaphael.